Les Copains de la colline

Pour Stephen.
L. S.

Pour ma tante Jan et les étés passés
à peindre à Pondok.
B. D.

Loi 49-956 du 16 juillet 1949 sur les publications destinées à la jeunesse. Dépôt légal : 3e trimestre 2014 ISBN : 978-2-7459-7202-6

Les Copains de la colline

Texte de Linda Sarah et Benji Davies
Illustrations de Benji Davies
Adaptation française de Mim

Il était une fois deux boîtes en carton.
Assez grandes pour qu'on puisse s'asseoir dedans.
Et même s'y cacher.

Tous les jours, Ben et Théo montaient en haut
de la colline avec leurs deux boîtes en carton.

Parfois, ils étaient rois, soldats ou astronautes.
D'autres fois, ils devenaient pirates
et affrontaient les océans déchaînés.

Mais c'étaient toujours
les meilleurs amis du monde.

Ensemble, ils aimaient naviguer, courir, sauter, s'envoler.
Se raconter des histoires, éclater de rire.

Écouter leurs silences, aussi.

Ils observaient les petits mouvements
dans la vallée et se sentaient forts
comme des géants…

Ben adorait quand ils étaient tous les deux.
Parce que c'était Théo et lui.

Mais, un lundi (il faisait très froid
ce jour-là), ils rencontrèrent un autre
garçon avec une boîte en carton.
Il voulait jouer avec eux.

Le garçon s'appelait Sam.
Il observait Ben et Théo depuis longtemps.
Il avait enfin trouvé une grande boîte en carton
et surtout le courage de les aborder.

Théo lui sourit et dit :
« Bien sûr, viens avec nous ! »
Et tous les trois s'installèrent
dans les boîtes pour observer
un petit faucon et deux nuages perdus.

Et ils devinrent bientôt
chasseurs de dragons,
escaladeurs de gratte-ciel
ou même simples voisins.

Mais Ben n'était pas
heureux comme avant.

Un soir, Ben sauta sur sa boîte. Il l'écrasa. La réduisit en bouillie.

Son père lui cria quelque chose depuis le salon.
Quelque chose comme : « Ça suffit, fais moins de bruit ! »

Les jours suivants, Théo et Sam
vinrent chercher Ben pour jouer.
Mais il se cachait.

Il préférait rester tout seul, pour dessiner.
Toujours la même chose : deux boîtes
en carton, côte à côte.

Théo lui manquait. Et les châteaux
en carton tout en haut de la colline
lui manquaient aussi.

Un jour, quelqu'un
frappa à la porte.

Ben reconnut la voix
de Sam.
« On t'a fabriqué un truc,
Ben ! S'il te plaît, viens ! »
Caché derrière les rideaux,
Ben jeta un œil dehors.

Il ne voyait qu'une boîte.

Mais, en fait, c'était
bien plus qu'une boîte.
Bien plus…

Il y avait des bannières qui claquaient
dans le vent comme des cerfs-volants.
Et aussi des bouts de trucs
brillants où la lumière se reflétait.
De belles couleurs.
Et même du son.
Et surtout, surtout…

… il y avait des roues !

Ben décida de sortir.

Tous les trois, ils poussèrent L'ÉNORME boîte à roulettes
(surnommée madame Même-pas-peur-de-la-pente)
au sommet de la colline.

C'était magique !
Un incroyable monstre de carton !

C'était comme un lanceur
de fusée supersonique !
Un avion turbo jet !
Une monture scintillante
et fantastique réservée aux rois !

Il y avait même d'autres
boîtes à l'intérieur, avec
des biscuits et de la limonade.
Ben aimait bien Sam.
Sam était sympa.
Sympa et rigolo.
Sam avait du culot et il n'avait
presque jamais peur.

Ben aimait bien quand ils étaient
tous les trois, Ben aimait bien jouer
à Théo-Sam-Ben.
En fait, Ben adorait quand ils étaient tous les trois.
Parce que c'était Théo, Sam et lui.